INHALTSVERZEICHNIS

WILLKOMMEN IN DER SCHWEDISCHEN KÜCHE!

Die schwedische Küche ist kein Bereich, der dem Koch/der Köchin vorbehalten ist. Sie ist ein Familienraum, in dem nicht nur gekocht, sondern auch gemeinsame Zeit verbracht und gegessen wird. Schwedische Wohnungen und Häuser werden heute meistens so geplant, dass die Küche nicht isoliert liegt, sondern offen ins Ess- oder Wohnzimmer übergeht. Die Küche lädt alle Familienmitglieder und Freunde dazu ein, sich nach ihren Fähigkeiten beim Kochen einzubringen. Jüngere Kinder helfen vielleicht mit, indem sie im Topf rühren oder den Tisch decken, während ältere Geschwister zum Beispiel Gemüse schneiden. Wer sich nicht aktiv beteiligt, leistet den anderen immerhin Gesellschaft und ist beim Abschmecken behilflich. Dieses Buch heißt auch Sie in der schwedischen Küche willkommen. Und seien Sie bitte nicht überrascht, wenn die Kochstätte gelegentlich nach draußen verlegt wird: Die Sommerwärme ist den Schweden genauso wichtig wie gutes Essen, Traditionen und neue Trends.

Die schwedische Esskultur gründet sich auf den leichten Zugang zu frischen Produkten aus einer Landschaft, die von Agrarflächen, Wäldern, vielen Flüssen und Seen sowie einer großen Küstenlänge geprägt ist. Nicht nur ist ein Großteil des schwedischen Naturraums weitgehend unberührt geblieben, das Jedermannsrecht gestattet auch allen, sich in der Natur aufzuhalten und wilde Beeren, Kräuter und Pilze zu sammeln.

Wenn Sie im Wald auf Leute stoßen, die Kunststoffgefäße und eigentümliche gezahnte Behältnisse bei sich haben, handelt es sich wahrscheinlich um eine Familie bei der Heidel- oder Preiselbeersuche. Der so genannte Beerenkamm erleichtert den Sammlern das ansonsten mühsame Pflücken der einzelnen Beeren. Die Schweden gehen mit Vorliebe in Gruppen auf Pilzsuche, was sie allerdings nicht davon abhält, die Lage besonders guter Pfifferlingsgründe für sich zu behalten. Nach einem Tag in der Natur wird die Ernte gern gemeinschaftlich verlesen und geputzt. In Schweden sammeln übrigens sogar viele Spitzenköche die Kräuter, Pilze und Beeren für ihr Restaurant höchstpersönlich.

In Schweden wird die Jagdtradition hochgehalten, und das Fleisch von Elchen, Rehen und Raufußhühnern hat in der schwedischen Küche einen besonderen Stellenwert. Die Küsten im Süden und Osten des Landes und die Binnengewässer liefern Fische wie Barsch, Hering, Lachs und Forelle, während die Schären der Westküste für ihre Schalentiere bekannt sind. Wer leichten Zugang zum Wasser hat, geht oft auch gern selbst auf Fischfang. Und um die Nachfrage nach lokalen Produkten befriedigen zu können, ergänzen Aktivitäten des urbanen Gartenbaus die Arbeit der klassischen Landwirtschaftsbetriebe.

Es ist kein Geheimnis, dass der Winter in Schweden lang und dunkel ist. Und daraus ergibt sich eine saisonale Flaute bei den lokal erzeugten Produkten. Wegen des leistungsfähigen Güterverkehrs und der Zugkraft internationaler kulinarischer Trends werden die Saisonzeiten für regionale Lebensmittel heute immer bedeutungsloser. Trotzdem halten die Schweden gern an ihren Küchentraditionen fest. Dazu gehören auch die überlieferten Konservierungsmethoden. War das Konservieren von Nahrungsmitteln früher vor allem eine Frage des Überlebens, wird es heute von Feinschmeckern ganz gezielt genutzt, um den Genuss zu steigern: Die Konservierung verlängert schließlich nicht nur die Haltbarkeit der Lebensmittel, sondern verändert und verstärkt auch deren Geschmack.

Im Frühjahr, Sommer und Herbst ernten die Schweden meistens mehr, als sie verbrauchen können. War es früher ein seltener – fast sündiger – Hochgenuss, frische Beeren zu verspeisen, darf heute hemmungsloser geschlemmt und der Moment im wahrsten Sinne des Wortes ausgekostet werden: Wenn die gesamte Beerenernte gleich beim Familienausflug verputzt wird, kann man ja Marmelade kaufen.

Immer noch werden Früchte und Beeren eingemacht, Gemüse eingelegt, Pilze getrocknet und Fleisch und Fisch geräuchert, gesalzen, gesäuert und mariniert. Lang lagerfähige Brotsorten wie dunkles Roggenbrot, Knäckebrot und Zwieback sind in Schweden nach wie vor buchstäblich in aller Munde. Dasselbe gilt für Kartoffeln und Wurzelgemüse wie die Rote Bete, die man einst im eigenen Erdkeller lagerte. Fermentierte Milcherzeugnisse sind auch heute noch beliebte Frühstücksprodukte, die gern mit Flocken genossen werden.

Die Schweden dürsten ständig nach Anregungen und neuen Ideen; gleichzeitig geben sie neuartigen fremdländischen Gerichten aber gern mit einer traditionellen Zutat eine heimatliche Note. So ist es der schwedischen Küche gelungen, sich zu wandeln, ohne ihre Wurzeln zu verlieren. Und diese Wandlung war nur zum Guten: Neu eröffnete Spitzenrestaurants (in Schweden und im Ausland), Erfolge bei internationalen Kochwettbewerben wie der Olympiade der Köche und dem Bocuse d'Or sowie die Anerkennung bei Gourmets und Zeitschriften aus aller Welt lenkten in letzter Zeit die Aufmerksamkeit des ehemals so vorhersagbaren kulinarischen Europas auf die schwedische Küche.

Sicherlich fällt auf, dass es sich bei vielen Gaststätten in Schweden um Pizzerien, Thailändische Restaurants sowie Fast-Food- und Kebab-Restaurants handelt. Geräucherten Lachs und Moltebeeren sucht man dort vergeblich. Aber wie wir schon erwähnten: Die Schweden sind neugierig und stecken ihre Nase gewissermaßen in alle Töpfe. Einwandererküchen bereichern die heimische Kochkunst mit ihren Traditionen und Köstlichkeiten. Es ist diese Mischung aus Lebensmitteln, Leuten und Ideen, die das Wesen der schwedischen Küche ausmacht.

Ran an die Buletten!

FIKA

Die Schweden sehen es nicht gern, wenn *fika* übersetzt wird: Sie wollen nicht, dass der Wortsinn verwässert und *fika* irgendwann lediglich eine „normale“ Kaffeepause bezeichnet. *Fika* gehört zu den ersten Wörtern, die Schwedenreisende lernen – gleich nach *tack* (danke) und *hej* (hallo). *Fika* ist viel mehr als „einfach nur“ Kaffeetrinken. Die *fika* ist ein soziales Phänomen, ein berechtigter Grund, sich eine Mußestunde zu gönnen. Sie ist an keine Tageszeit gebunden und kann zu Hause, am Arbeitsplatz oder in einem Café und mit Familienmitgliedern, Freunden, Arbeitskollegen oder (noch) Fremden genossen werden. Die *fika* ist eine intensiv – am liebsten mehrmals täglich – gepflegte Tradition. Erst süße Kaffeebegleiter wie Zimtschnecken, Kuchen oder Kekse machen eine *fika* perfekt; die Schweden lassen aber auch belegte Brötchen als *fika*-Speisen durchgehen. Es überrascht also nicht, dass Schweden zu den Ländern mit dem höchsten Kaffee- und Süßwarenkonsum gehört. Hier versteht man eben, die schönen Dinge des Lebens auszukosten.

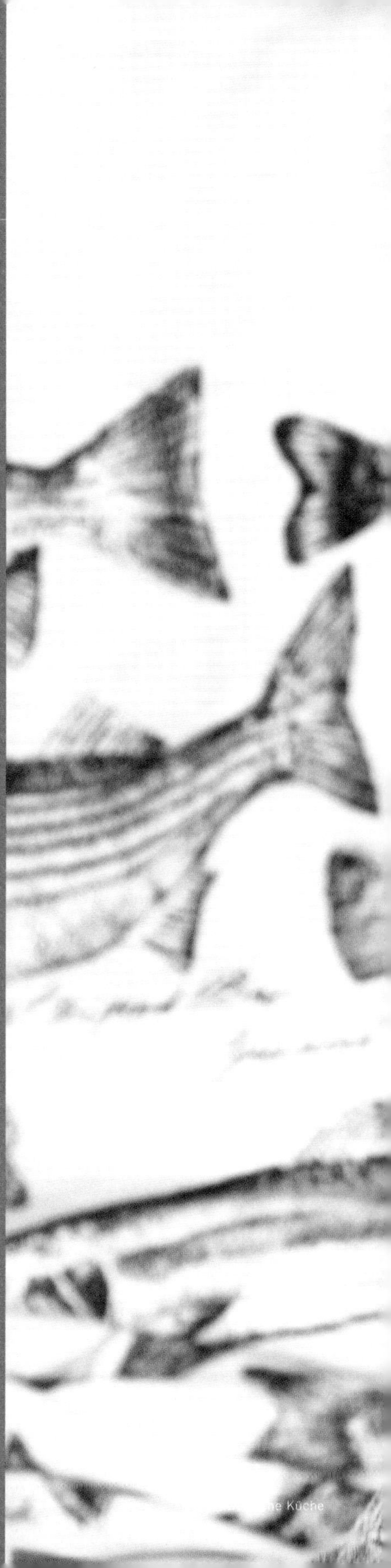

Zimtschnecke!

MAMAS APFELKUCHEN

Mammas äppelkaka

Apfelbäume sind in den meisten schwedischen Gärten, Obstplantagen und Parks zu finden. Und viele ihrer Früchte landen in Kuchen wie diesem. Mamas Apfelkuchen ist mit und ohne Vanillesoße ein Genuss.

8–10 STÜCKE

125 g zimmerwarme Butter
125 g Kristallzucker
2 Eier
150 g Weizenmehl, Type 405
1 TL Backpulver
1,5 g Salz
2 EL Milch
3–4 Äpfel
2 EL Kristallzucker und 2 EL Zimtpulver

1. Backofen auf 200 °C vorheizen. Eine runde Backform einfetten und mit Paniermehl ausstreuen.

2. Butter und Zucker mit dem elektrischen Handrührgerät schaumig schlagen.

3. Die Eier einzeln hinzugeben und mit der Buttermischung verrühren.

4. Mehl, Backpulver und Salz unterrühren.

5. Schließlich die Milch hinzugeben und alles zu einer glatten Masse verrühren. Die Teigmasse in die Backform gießen.

6. Äpfel schälen, vom Kerngehäuse befreien und in Spalten schneiden. Die Apfelspalten in Zucker und Zimt wenden und auf die Teigmasse setzen.

7. Etwa 30 Minuten backen. Mit der Stäbchenprobe prüfen, ob der Kuchen durchgebacken ist. Auf einem Kuchenrost abkühlen lassen.

halbe Menge nehmen!

ZIMTSCHNECKEN

Kanelbullar

Dass in Schweden der 4. Oktober als „Tag der Zimtschnecke" gefeiert wird, hält die Einwohner des Landes nicht davon ab, das herrliche Hefegebäck das ganze Jahr über zu essen.

45–50 SCHNECKEN

150 g Butter
500 ml Vollmilch
50 g Hefe
1 TL Salz
85 g Kristallzucker
2 TL zerstoßene Kardamomsamen
900 g Weizenmehl, Type 405

FÜLLUNG

100 g zimmerwarme Butter
85 g Kristallzucker
3–4 EL Zimtpulver

DEKORATION

1 verquirltes Ei
3–4 EL Hagelzucker oder Mandelblättchen

1. Butter in einem Kochtopf zerlassen und Milch zugießen. Auf 37 °C erwärmen.

2. Hefe in eine Schüssel bröckeln. Die Flüssigkeit zugießen und rühren, bis sich die Hefe aufgelöst hat.

3. Salz, Zucker, Kardamom und fast das ganze Mehl hinzugeben; restliches Mehl zum Ausrollen beiseitestellen.

4. Teig kneten, bis er sich vom Schüsselrand löst und glatt und elastisch ist. Etwa 30 Minuten mit einem sauberen Küchentuch abgedeckt gehen lassen.

5. Teig auf eine bemehlte Fläche geben und halbieren. Zu zwei rechteckigen, circa ½ cm dicken Platten ausrollen.

6. Teigplatten mit Butter bepinseln und mit Zucker und Zimt bestreuen.

7. Die Teigplatten von der langen Seite her aufrollen. Rollen in insgesamt 45–50 Scheiben schneiden. Die Scheiben mit der Schnittfläche nach oben in Muffinpapierförmchen legen und auf Backbleche geben. Weitere etwa 30 Minuten mit sauberen Küchentüchern abgedeckt gehen lassen.

8. Backofen auf 225 °C vorheizen. Schnecken mit Ei bepinseln und mit Hagelzucker oder Mandelblättchen dekorieren. viel zu heiss! 180° reicht

9. In der Mitte des Ofens 8–10 Minuten backen. Auf Kuchenrosten abkühlen lassen.

SCHOKOLADENKUGELN

Chokladbollar

Viele junge Schweden geben mit diesen köstlichen Kugeln ihr Küchendebüt.

18–20 KUGELN

100 g Butter
2 EL kalter, starker Kaffee
3 EL Kakaopulver
120 g Haferflocken
85 g Kristallzucker
1 T L Bourbon-Vanillepulver oder Vanillezucker
1,5 g Salz

DEKORATION

70–150 g Kokosflocken, Schokostreusel oder Hagelzucker

1. Butter zerlassen.
2. Butter und Kaffee in einer großen Schüssel verrühren.
3. Die restlichen Zutaten hinzugeben und alles vermengen. Masse 45 Minuten kalt stellen, bis sie formbar ist.
4. Aus der Masse 18–20 walnussgroße Kugeln formen.
5. Die gewünschte Dekoration auf einen Teller geben und einen leeren Teller danebenstellen. Die Kugeln in der Dekoration rollen und auf den leeren Teller geben. Vor dem Servieren 1 Stunde kalt stellen.

SCHOKOLADENSCHNITTGEBÄCK

Chokladsnittar

Ein klassischer Keks und eines der sieben Gebäcke, die nach schwedischer Tradition bei einem Kaffeeklatsch serviert werden sollten.

50–60 KEKSE

200 g zimmerwarme Butter
170 g Kristallzucker
4 EL Kakaopulver
1 TL Bourbon-Vanillepulver oder Vanillezucker
1,5 g Salz
1 Eigelb
300 g Weizenmehl, Type 405
1 TL Backpulver

DEKORATION

1 verquirltes Ei
70 g Hagelzucker

1. Backofen auf 200 °C vorheizen.
2. Butter und Zucker schaumig rühren. Kakaopulver, Vanille, Salz und Eigelb hinzugeben und alles gut verrühren.
3. Mehl und Backpulver unterrühren und alles zu einem geschmeidigen Teig verarbeiten.
4. Teig vierteln und jeden Teil auf die Länge eines Backblechs ausrollen.
5. Teigplatten auf ein mit Backpapier ausgekleidetes Blech legen und leicht glätten.
6. Mit Eigelb bestreichen und mit Hagelzucker bestreuen. In der Mitte des Ofens etwa 10 Minuten backen.
7. Noch warm in Rauten schneiden.

FASTENWECKEN

Semlor

Die als *semlor* bekannten Gebäcke wurden ursprünglich nur zum Fastnachtsdienstag zubereitet und als letzte festliche Speise vor Beginn der Fastenzeit gegessen. Heute erheben selbst die weltlichsten Schweden in den Wochen vor Ostern den Genuss dieser gefüllten Hefekugeln zu einer Religion.

CIRCA 15 GROSSE BZW. 25 KLEINE WECKEN

100 g Butter
300 ml Vollmilch
50 g Hefe
1 TL zerstoßene Kardamomsamen oder abgeriebene Schale von 1 Bio-Orange
½ TL Salz
85 g Kristallzucker
500–550 g Weizenmehl, Type 405
1 verquirltes Ei zum Bepinseln

FÜLLUNG

200 g Marzipan
Gebäckinneres
100 ml Milch
300 ml Schlagsahne

DEKORATION

Puderzucker

1. Butter in einem Kochtopf zerlassen und Milch zugießen. Auf 37 °C erwärmen.

2. Hefe in eine Schüssel bröckeln und Kardamom oder Orangenschale hinzugeben.

3. Die Flüssigkeit zugießen und rühren, bis sich die Hefe aufgelöst hat. Salz, Zucker und fast das ganze Mehl unterrühren; restliches Mehl zum Formen der Wecken beiseitestellen.

4. Den Teig etwa 15 Minuten in der Küchen-/Teigknetmaschine kneten.

5. Teig ungefähr 40 Minuten auf doppelte Größe gehen lassen.

6. Teig auf eine bemehlte Fläche geben und in 15 bzw. 25 Stücke schneiden. Stücke zu Wecken formen und auf ein mit Backpapier belegtes oder gefettetes Blech setzen. Teiglinge etwa 60 Minuten auf doppelte Größe gehen lassen.

7. Teiglinge mit Ei bepinseln. Im unteren Teil des vorgeheizten Backofens bei 225 °C 8–10 Minuten (große Wecken) bzw. bei 250 °C 5–7 Minuten (kleine Wecken) backen. Auf Kuchenrosten abkühlen lassen.

8. Von jedem Wecken einen Deckel abschneiden und jeweils das untere Gebäckteil aushöhlen. Das weiche Innere (circa 2 TL) in eine Schüssel bröckeln.

9. Das Marzipan grob reiben und mit den Bröckchen und der Milch zu einer cremigen Masse vermengen.

10. Die ausgehöhlten Wecken mit der Masse füllen.

11. Die Sahne steif schlagen und auf die gefüllten Gebäcke geben. Deckel aufsetzen und mit Puderzucker bestäuben.

12. Nur mit Kaffee servieren oder als *hetvägg* auftragen, also in einem tiefen Teller mit heißer Milch und Zimt.

ALLTAGS-ABENDESSEN

Trotz des flexiblen Elternzeitsystems: In einer Familie mit zwei erwerbstätigen Elternteilen sind manchmal Zauberkünste gefragt, wenn am späteren Nachmittag die Kinder von der Betreuung abgeholt werden sollen und außerdem eingekauft sowie ein gesundes Abendbrot zubereitet werden muss. Bei vielen Schweden ist das Abendessen, das sie am späten Nachmittag oder frühen Abend zu sich nehmen, die gehaltvollste Mahlzeit des Tages. Wenn alle helfen, ist die Zubereitung eines leckeren Essens eine recht überschaubare Aufgabe. Kleine Kinder übernehmen in der Küche eher eine Zuschauerrolle – am liebsten mit einem Stück Obst als Vorspeise in der Hand –, während ältere Kinder einen aktiveren Part spielen. Obwohl sich neue und exotische Lebensmittel großer Beliebtheit erfreuen, stehen saisonale Zutaten und traditionelle Gerichte weiterhin zuoberst auf dem schwedischen Speiseplan. Und das ist ganz besonders nach dem Geschmack der jungen Genießer. Aber ganz gleichgültig, ob es sich um importierte Früchte oder regional angebautes Gemüse handelt: Viele Schweden halten beim Einkaufen nach Bio-Erzeugnissen Ausschau.

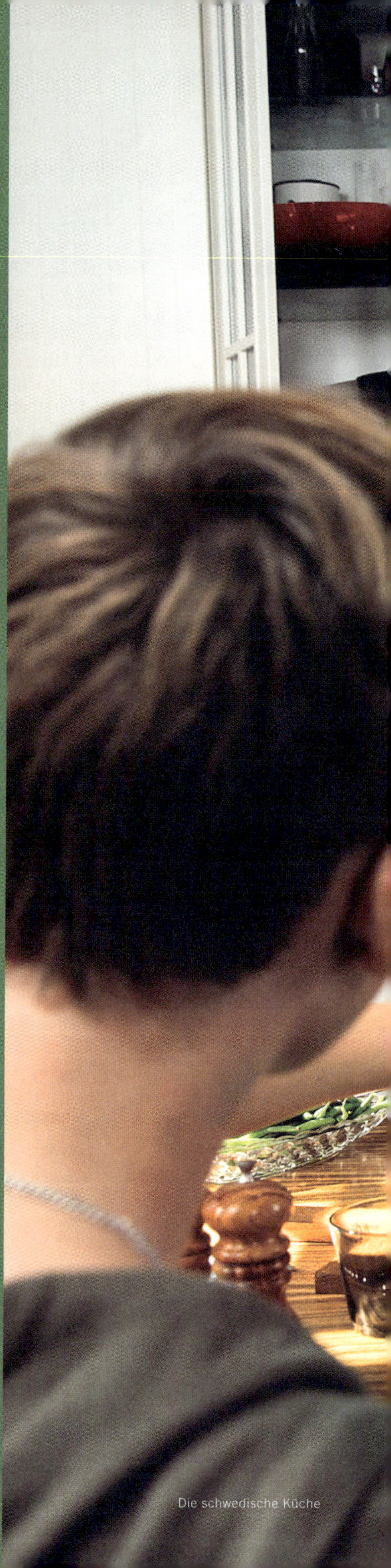

FISCHSUPPE MIT GARNELEN, MUSCHELN UND SAHNEMEERRETTICH

Fisksoppa med räkor, musslor och pepparrotskräm

Fischsuppe geht immer – sowohl als Alltagsmahlzeit als auch als festliche Speise. Vielleicht möchten Sie zu diesem Gericht ein aromatisches Sauerteigbrot und gereiften Käse servieren?

4 PORTIONEN

1 Zwiebel
2 Knoblauchzehen
1 Möhre
1 Chili
Olivenöl
2 EL Tomatenmark
100 ml Weißwein
300 ml Fischbouillon
500 g gehackte Tomaten aus der Dose
1 TL getrockneter Thymian
700 g Fisch mit festem Fleisch, am besten eine Mischung aus Lachs und Magerfisch
500 g ungeschälte Garnelen
225 g Muscheln aus der Dose
Meersalzflocken und frisch gemahlener schwarzer Pfeffer
1 Prise Zucker

SAHNEMEERRETTICH

200 ml Crème fraîche
2 EL geriebener Meerrettich
1 TL klarer Honig
1,5 g Salz

BEILAGEN

Sauerteigbrot und gereifter Käse

1. Zwiebel, Knoblauch und Möhre schälen und würfeln. Chili halbieren, vom Kerngehäuse befreien und in kleine Würfel schneiden.

2. Gemüsewürfel in einem großen Kochtopf in Öl leicht braten, ohne zu bräunen. Tomatenmark hinzugeben und alles ein paar Minuten weiterbraten.

3. Wein und Bouillon zugießen. Tomaten und Thymian hinzugeben. Bei schwacher Hitze etwa 10 Minuten köcheln lassen.

4. Den Fisch in Würfel schneiden und in den Topf geben. Suppe zugedeckt 5 Minuten köcheln lassen. Die Garnelen schälen und mit den Muscheln hinzugeben. Suppe aufkochen lassen.

5. Mit Salz und Pfeffer und einer Prise Zucker würzen. Alle Zutaten für den Sahnemeerrettich verrühren. Sahnemeerrettich zur Suppe reichen.

WILDFLEISCHBÄLLCHEN MIT SOSSE AUS *MESSMÖR*

Viltköttbullar med messmörssås

Hier stimmt die Rechnung Fleisch + Kartoffeln + Soße = Hausmannskost nicht: Diese Fleischbällchen werden Ihnen auf der Zunge zergehen.

4 PORTIONEN

500 g Wildhackfleisch
3 EL Paniermehl oder Haferflocken
150 ml Sahne
1 EL konzentrierter Wildfond
1 TL Salz
½ TL zerstoßene Wacholderbeeren
1 TL frisch gemahlener schwarzer Pfeffer
1 TL getrockneter Thymian
1 große Zwiebel
2 Eier
Butter zum Anbraten

BEILAGEN

Soße aus Molkenstreichkäse, Salzkartoffeln, roh gerührte Preiselbeeren und grünes Gemüse

1. Paniermehl oder Haferflocken mit der Sahne und dem Fond vermengen und 15 Minuten quellen lassen. Salz und Gewürze hinzugeben.

2. Zwiebel schälen und reiben. Hackfleisch, Zwiebel und Eier zur Paniermehlmischung geben und alles vorsichtig vermengen.

3. Mit angefeuchteten Händen kleine Bällchen aus der Hackfleischmasse formen und auf ein feuchtes Schneidebrett geben. Bällchen 4–5 Minuten in Butter braten.

SOSSE AUS MOLKENSTREICHKÄSE

1 kleine Zwiebel
1 EL Butter
800 ml Wildbouillon
250 ml Sahne
1 EL Balsamessig
2 EL Sojasauce
2 EL Molkenstreichkäse (*messmör) oder Honig**
2–3 EL Soßenbinder
Meersalzflocken und frisch gemahlener schwarzer Pfeffer
3 EL Preiselbeeren, frisch oder tiefgefroren

1. Zwiebel schälen, in kleine Würfel schneiden und in einem großen, flachen Kochtopf in Butter leicht bräunen.

2. Bouillon, Sahne, Balsamessig und Soja zugießen. Soße ohne Deckel auf die Hälfte einköcheln lassen.

3. Molkenstreichkäse unterrühren und schmelzen. Soße mit Soßenbinder andicken. Mit Salz und Pfeffer würzen. Preiselbeeren unterrühren.

* Molkenstreichkäse (*messmör*) ist ein nordschwedisches Erzeugnis aus Kuhmilchmolke, Zucker, Butter und Vanillin. Er hat einen süßen, runden Geschmack. Molkenstreichkäse kann durch Honig ersetzt werden.

Nicht zu vergessen:
Gemüse

ELCHFLEISCHEINTOPF MIT WURZELGEMÜSE UND BACKPFLAUMEN

Älggryta med rotfrukter och katrinplommon

Im Herbst stellt Wildbret eine köstliche Alternative zu Rindfleisch dar. In Schweden gibt es ungefähr 350 000 wild lebende Elche. Bei Jägern stehen die Tiere nicht zuletzt wegen ihrer Größe hoch im Kurs – und natürlich weil ihr Fleisch hervorragend schmeckt.

4–6 PORTIONEN

1 kg Elchfleischwürfel
200 g Räucherspeck
Butter zum Anbraten
2 Lorbeerblätter
1 EL getrockneter Thymian
200 ml Rotwein
50 ml Balsamessig
700 ml Wildbouillon
1 Zwiebel
2 mittelgroße Pastinaken
3 mittelgroße Möhren
2 EL Butter
1 EL Honig
150 g Backpflaumen
3 EL Soßenbinder
Salz und frisch gemahlener schwarzer Pfeffer, Thymianzweige

BEILAGE

Salzkartoffeln, Kartoffelpüree oder beliebiges gekochtes Getreide

1. Speck in 1 cm große Würfel schneiden. Etwas Butter in einer großen Pfanne erhitzen und die Fleischwürfel portionsweise anbraten. Lorbeerblätter und Thymian hinzugeben. Fleisch in einen großen Kochtopf geben und Wein, Balsamessig und Bouillon zugießen. Zugedeckt 1 Stunde köcheln lassen.

2. Zwiebel schälen und vierteln. Wurzelgemüse in dicke Scheiben schneiden. Zwiebel und Gemüse in etwas Butter bräunen. Honig hinzugeben.

3. Ungefähr 10 Minuten vor Ende der Garzeit die Zwiebel, die Backpflaumen und das Wurzelgemüse zum Fleisch geben. Mit Soßenbinder andicken. Mit Salz und Pfeffer würzen.

4. Eintopf mit Thymianzweigen dekorieren und mit Salzkartoffeln, Kartoffelpüree oder gekochtem Getreide servieren.

TEIGWAREN MIT PFIFFERLINGSCARBONARA

Kantarellcarbonara

Ein köstliches Nudelgericht, bei dem der Speck des italienischen Originalrezepts durch gebräunte Pfifferlinge ersetzt wurde. Weil die Speise schnell abkühlt, sollte sie erst kurz vor dem Verzehr zubereitet werden. Dazu passt ein Salat.

4 PORTIONEN

400 g Bavette oder Tagliatelle
500 g geputzte und gehackte Pfifferlinge
Butter zum Anbraten
2 gehackte Knoblauchzehen
200 ml Sahne
150 g frisch geriebener Käse, z. B. Västerbotten-Käse oder Parmesan
15 g gehackte Blattpetersilie
Meersalzflocken und frisch gemahlener schwarzer Pfeffer
4 Eigelb

1. Teigwaren nach Packungsanweisung kochen. Abgießen, dabei 100–200 ml Wasser zurückbehalten. Die Nudeln in den Topf mit dem restlichen Wasser zurückgeben und zugedeckt warm halten.

2. Pilze in eine heiße ungefettete Pfanne geben und ausschwitzen lassen. Butter und Knoblauch hinzugeben und Pilze bei mittlerer Hitze 6–8 Minuten bräunen.

3. Die Sahne zugießen und die Soße etwa 1 Minute kochen.

4. Den Käse mit der Pilzsahnesoße unter die Teigwaren heben und die Petersilie untermischen. Mit Salz und Pfeffer würzen. Eigelbe, zusätzliches Salz und Pfeffer am Tellerrand drapieren und das Gericht sofort auftragen.

GRILLFEST

Schweden hat vier klar voneinander abgrenzbare Jahreszeiten, von denen Frühjahr und Sommer auch unter dem Begriff „Grillsaison" zusammengefasst werden können. Mit den ersten Anzeichen des Frühlings – sie sind meistens um die am 30. April gefeierte Walpurgisnacht zu erahnen – holen die Schweden den Grill hervor und trennen sich erst zu Herbstbeginn schweren Herzens von ihren Barbecue-Utensilien. Die Schweden kosten die relativ wenigen sonnigen und warmen Tage, die ihnen das Jahr bietet, voll aus und nutzen jede Gelegenheit, im Freien zu kochen und zu feiern. Und in Sachen Grillzutaten gabeln sie gern neue Ideen auf und verwöhnen ihren Gaumen mit Fisch, Fleisch und hausgemachten Würstchen, aber auch mit Käse und Gemüse. In den Kühlregalen der Geschäfte wird grillfertig mariniertes Fleisch angeboten, und an den Kassen türmen sich Brikettpakete und kleine Einmalgrills. Die Schweden geben sich ihrer Grillleidenschaft auf Höfen, in Parks und in der freien Natur hin. Die Grillparty ist nicht nur eine Möglichkeit, die klassische Küche aufzupeppen, sondern auch eine tolle Gelegenheit, Zeit mit Freunden und mit der Familie zu verbringen.

LAMMKOTELETTS MIT KRÄUTERÖL

Lammracks med örtolja

Lammfleisch ist ideal zum Grillen. Und mit einem guten Kräuteröl können Sie sogar auf das Marinieren verzichten.

4 PORTIONEN

1 kg zimmerwarmes Rippenstück vom Lamm
Olivenöl
Meersalzflocken und frisch gemahlener schwarzer Pfeffer

KRÄUTERÖL

4 EL gehackte Minzblätter
4 EL gehackter Rosmarin
1 Bio-Zitrone, abgeriebene Schale
200 ml Olivenöl
1 TL klarer Honig
1,5 g Salz

1. Eine schöne Holzglut im Grill vorbereiten.
2. Zunächst alle Zutaten für das Kräuteröl vermengen. Öl bei Zimmertemperatur ziehen lassen.
3. Rippenstück in Koteletts teilen und die Scheiben leicht mit Olivenöl bepinseln. Mit Salz und Pfeffer würzen.
4. Von jeder Seite etwa 3 Minuten grillen.
5. Mit Kräuteröl und Kartoffelsalat servieren.

CREMIGE KALTE GRILLSOSSE

Krämig kall sås till grillat

Diese Soße passt genauso gut zu Fisch wie zu rotem und weißem Fleisch.

4–6 PORTIONEN

100 ml Mayonnaise
200 ml Crème fraîche
2 EL körniger süßer Senf
1 TL klarer Honig
2 EL gehackter Dill
1 EL gehackte Blattpetersilie
1,5 g Salz

Alle Zutaten verrühren und die Soße vor dem Servieren etwa 1 Stunde ziehen lassen.

Lässt sich gut vorbereiten

CREMIGER KARTOFFELSALAT

Krämig potatissallad

Dieser mit anderen Gemüsesorten aufgepeppte Kartoffelsalat schmeckt zu allen Grillgerichten. Außerdem lässt er sich gut vorbereiten und – falls der Grillspaß nicht zu Hause stattfindet – problemlos mitnehmen.

4–6 PORTIONEN

800 g Frühkartoffeln
4 Frühlingszwiebeln
125 g Radieschen
1 Bund grüner Spargel
150 g Zuckerschoten
60 g Babyspinat
Meersalzflocken und frisch gemahlener schwarzer Pfeffer

DRESSING

200 ml saure Sahne (*gräddfil*)
3 EL Mayonnaise
2 EL körniger süß-saurer Senf
1 EL klarer Honig
3 EL gehackter Dill
3 EL gehackte Blattpetersilie
1,5 g Salz

DEKORATION

Dillblüten

1. Kartoffeln waschen, kochen und abgießen. Abkühlen lassen und halbieren.

2. Frühlingszwiebeln in Röllchen schneiden und Radieschen in Stücke schneiden.

3. Trockene Enden der Spargelstangen abschneiden. Spargel 3–4 Minuten in leicht gesalzenem Wasser bissfest garen. Unter kaltem Wasser abspülen und in Stücke schneiden.

4. Zuckerschoten etwa 2 Minuten bissfest garen und unter kaltem Wasser abspülen.

5. Dressingzutaten verrühren und Kartoffeln anmachen. Großzügig mit Salz und Pfeffer würzen.

6. Gemüse inklusive Spinat vorsichtig unterheben, aber ein wenig Gemüse zum Dekorieren beiseitestellen.

7. Salat auf einer schönen Platte anrichten und mit dem beiseitegestellten Gemüse krönen. Je nach Saison mit frischen Dillblüten dekoriert auftragen.

LACHS UNTER DER ZITRONENHAUBE

Citronbakad lax på grillen

Fisch darf auf keiner schwedischen Grillparty fehlen. Dieses Rezept zeigt, wie Sie eine Lachsseite komplett auf dem Grill zubereiten können.

6 PORTIONEN

1 kg Lachsfilet, vorzugsweise ein Mittelstück mit Haut
3 kleine Bio-Zitronen
2 EL Kapern
100 ml Olivenöl
Meersalzflocken und frisch gemahlener schwarzer Pfeffer

AUSSERDEM

2 große Abschnitte Grillfolie

1. Eine schöne Holzglut im Grill vorbereiten.

2. Lachs entgräten und mit der Hautseite nach unten auf die doppelte Grillfolie legen. Großzügig mit Salz und Pfeffer würzen.

3. Zitronen unter heißem Wasser bürsten und in dünne Scheiben schneiden. Die Zitronenscheiben dachziegelartig auf den Lachs legen. Mit Kapern bestreuen und mit etwas Öl beträufeln.

4. Folie sorgfältig zu einem Päckchen verschließen. Auf den Grill geben und je nach Stärke des Filets 15–20 Minuten garen. Päckchen nach 15 Minuten vorsichtig öffnen und mit einem Schnitt an der dicksten Stelle des Filets prüfen, ob der Fisch gar ist.

5. Mit Kartoffelsalat servieren.

FRÜHSTÜCK

Die meisten Schweden frühstücken im trauten Heim, bevor sie sich auf den Weg zur Arbeit oder zur Schule machen. Beim Frühstück können sie richtig wach werden und sich dann gestärkt in den Alltagstrubel vor der Haustür stürzen. Für die einen ist das Frühstück wertvolle Zeit im Kreis ihrer Lieben, für die anderen ist es ein Moment der Ruhe und Entspannung, den sie vielleicht mit der Lektüre einer Zeitung oder mit einem Social-Media-Beitrag verbringen. Die Schweden genießen beim Frühstück meist relativ milde Aromen. Üblicherweise stehen morgens Brot, Kaffee und eine Schale Frühstücksflocken mit Joghurt oder einem anderen Milchprodukt auf dem Tisch – oder auch eine Schale Hafergrütze mit Obst. Das Frühstück gilt vielen als die wichtigste Mahlzeit des Tages. Trotzdem unterscheiden sich die Gewohnheiten beträchtlich, und nicht wenige Menschen begnügen sich mit einer Tasse Kaffee und sehnen dann die Zehn-Uhr-*fika* am Arbeitsplatz herbei. Das Frühstück ist wohl das Essen, das am wenigsten von anderen Kulturen beeinflusst wurde.

TEA

FRÜHSTÜCK

Was Sie auf dem schwedischen Frühstückstisch finden können:

gekochtes Ei, Hafergrütze, Frühstücksflocken/Müsli, *filmjölk* (Sauermilch), Joghurt, Brot/Knäckebrot, Butter, Marmelade, Hartkäse, Salatgurke, Tomate, *kaviar* (Rogenaufstrich), Schinken und Wurst, *leverpastej* (Leberwurst), Saft, Kaffee, Tee, Milch, Smoothie.

KNUSPRIGES KNÄCKEBROT MIT KÜMMEL

Krispigt knäckebröd med kummin

In Schweden wird schon seit Urzeiten Knäckebrot gebacken (und gegessen): Vermutlich war das getrocknete Knabberbrot schon 500 v. Chr. bekannt. Im Jahr 1850 wurde die erste Knäckebrotfabrik des Landes gegründet. Knäckebrot schmeckt mit fast allen Belägen. Zum Frühstück genießt man es wohl am besten mit Butter und Käse.

8 SCHEIBEN

50 g Hefe
400 ml handwarmes Wasser
100 ml Rapsöl
1 TL Salz
500 g Roggenmehl, Type 1370 oder 1740
120 g Dinkelmehl, Type 630
1 verquirltes Ei zum Bepinseln
2 EL Kümmelkörner
2 EL Meersalzflocken

1. Backofen auf 200 °C vorheizen.

2. Die Hefe in das Wasser bröckeln. Öl und Salz hinzugeben und rühren, bis sich die Hefe aufgelöst hat.

3. Nach und nach fast das ganze Mehl hinzugeben; restliches Mehl zum Ausrollen beiseitestellen. Am besten in der Küchenmaschine zu einem geschmeidigen Teig verarbeiten. Teig nicht gehen lassen.

4. Teig auf eine bemehlte Fläche geben und achteln. Jeden Teil zu einer tellergroßen dünnen Platte ausrollen.

5. Teigplatten auf mit Backpapier ausgekleidete Bleche legen und mit einem Stipproller mit flachen und breiten Spitzen stippen.

6. Mit Eigelb bepinseln und mit Kümmel und Salz bestreuen.

7. Einzeln im oberen Teil des Ofens 8–10 Minuten backen. Auf Kuchenrosten abkühlen lassen und dann in Stücke brechen.

BROT MIT *FILMJÖLK* UND PREISELBEEREN

Filmjölkslimpa med lingon

Einfach zu backen und ein gutes Toastbrot für den Tag nach dem Backtag. Die mild schmeckende *filmjölk* gehört zu den Sauermilcherzeugnissen, ist also – wie Buttermilch und Kefir – eine durch Zusatz von Bakterien vergorene Milch. Als Ersatzprodukt für *filmjölk* kann auf Buttermilch oder Joghurt zurückgegriffen werden.

1 LAIB

40 g Haferflocken
50 g Dinkelflocken
120 g Grahammehl (Weizenvollkornmehl mit Kleiezusatz)
180 g Weizenmehl, Type 405
1 TL Salz
4 TL Backpulver
400 ml *filmjölk*, Buttermilch oder Joghurt
60 g Preiselbeeren, frisch oder tiefgefroren
65 g grob gehackte Haselnüsse
1–2 EL Kürbiskerne

1. Backofen auf 200 °C vorheizen. Eine Kastenform von circa 1½ l Inhalt bis über den Rand mit Backpapier auskleiden.

2. Alle trockenen Zutaten vermischen.

3. *Filmjölk* hinzugeben und alles vermengen. Preiselbeeren und Nüsse untermischen.

4. Die Teigmasse in die Kastenform gießen und mit den Kürbiskernen bestreuen.

5. Etwa 50 Minuten backen. Mit einem sauberen Küchentuch abgedeckt auf einem Kuchenrost abkühlen lassen.

HAFERGRÜTZE

Havregrynsgröt

Viele Schweden beginnen den Tag mit einer Schale Hafergrütze. Besonders gern stärkt man sich mit dieser Speise, wenn ein Tag voller Aktivitäten bevorsteht. Frische Beeren oder ein Klecks eingemachte Preiselbeeren verleihen der Grütze Finesse.

4 PORTIONEN

150 g Haferflocken
900–1000 ml Wasser
½ TL Salz

ZUM ANRICHTEN

Milch
eingemachte Preiselbeeren oder frische Beeren
Rohzucker und/oder Zimtpulver

1. Alle Zutaten in einen großen Kochtopf geben und verrühren. Aufkochen und dann unter Rühren etwa 3 Minuten köcheln lassen.

2. Mit Milch und eingemachten Preiselbeeren oder frischen Beeren anrichten. Ein paar Prisen Rohzucker und Zimt geben der Grütze einen Aromakick.

GERICHTE AUS DER NATUR

Offene Flächen und Wälder kennzeichnen weite Teile Schwedens. Und die Schweden kosten diese Naturnähe, die bis unmittelbar an die Großstadtregionen heranreicht, voll aus. Nicht nur die frische Luft und sportliche Aktivitäten machen den Menschen die freie Natur schmackhaft: Das *Allemansrätten* (Jedermannsrecht) erlaubt es, in der Natur nach Essbarem zu suchen, solange es sich dabei nicht um geschützte oder gefährdete Pflanzen oder Tiere handelt. Natürlich kann man der Jagd oder dem Fischfang nachgehen – Aktivitäten, die ein wachsendes Segment des schwedischen Ökotourismus ausmachen. Aber auch wer über keine spezielle Ausrüstung oder Erfahrung verfügt, kommt nicht zu kurz: Moltebeeren – das Gold der Moore – sowie Heidel-, Preisel- und Himbeeren sind reichlich vorhanden und leicht zu erkennen. Zum Pilzesammeln braucht man allerdings ein geschultes Auge und Fachkenntnisse. Pfifferlinge sind die beliebtesten Speisepilze, aber die schwedischen Wälder bringen auch andere wohlschmeckende Pilze auf den Esstisch. Kräuter und Brennnesseln werden ebenfalls gern gesammelt. Und natürlich schmecken Gerichte aus der Natur im Freien besonders gut: Bei einem Picknick, im Garten oder auf dem Balkon kommen selbst Stubenhocker ins Schwelgen.

PILZTARTE

Svamptarte

Diese Pilztarte eignet sich perfekt als Happen zu einem Drink, als Vorspeise oder – mit einem Beilagensalat – als leichtes Mittagsgericht.

6–8 PORTIONEN

1 Blätterteig, circa 30 x 25 cm

300 g gemischte geputzte Pilze

Butter zum Anbraten

2 TL getrockneter Thymian

Meersalzflocken und frisch gemahlener schwarzer Pfeffer

75 g frisch geriebener Västerbotten-Käse oder ein anderer würziger gereifter Käse

100 ml Crème fraîche

DEKORATION

Crema di Balsamico

Wildkräuter, z. B. junge Löwenzahn-, Giersch-, Wiesenkerbel- oder Schafgarbenblätter, oder Thymianzweige

1. Backofen auf 225 °C vorheizen. Teig mitsamt Trennpapier auf einem Backblech aufrollen.

2. Pilze in einer großen Portion Butter bei mittlerer Hitze 7–8 Minuten braten. (Frisch gesammelte Pilze zunächst in eine heiße ungefettete Pfanne geben und ausschwitzen lassen.) Mit getrocknetem Thymian bestreuen und großzügig mit Salz und Pfeffer würzen.

3. Die Crème fraîche und den Käse vermischen und den Teig damit bestreichen.

4. Den Teig mit den Pilzen belegen und 15–20 Minuten goldbraun backen.

5. Tarte ein wenig abkühlen lassen, dann mit Crema di Balsamico und Wildkräutern oder Thymianzweigen dekorieren. Mit etwas Salz bestreuen, in Stücke schneiden und auftragen.

↖ Pilzernte

HIMBEER-HEIDELBEER-KOMPOTT

Drottningkompott

Ein Sommerdessert, das nach einem reichhaltigen Barbecue besonders gut schmeckt.

4 PORTIONEN

500 g gemischte Himbeeren und Heidelbeeren

125 g Kristallzucker

1 EL frisch gepresster Zitronensaft

1 Vanilleschote

ZUM ANRICHTEN

Milch-Sahne-Mischung oder hochwertiges Vanilleeis

1. Die Beeren mit dem Zucker und dem Zitronensaft in einen Kochtopf geben.

2. Die Vanilleschote längs aufschneiden und das Mark herauskratzen. Die Schote und das Mark in den Topf geben.

3. Ohne Deckel unter gelegentlichem Rühren etwa 30 Minuten leicht köcheln lassen, bis das Kompott eindickt.

4. Mit einer Milch-Sahne-Mischung oder Vanilleeis servieren.

BRENNNESSELSUPPE Nässelsoppa

Die Wunder der Natur in einer Suppe eingefangen. Wer hätte gedacht, dass Unkraut so unglaublich gut schmecken kann?

4 PORTIONEN

100 g frische geputzte Brennnesseln
1 Zwiebel
2 EL Olivenöl
700 ml scharfe Hühner- oder Gemüsebouillon
100 ml Sahne
1–2 EL Kartoffelstärke und etwas kaltes Wasser
Meersalzflocken und frisch gemahlener schwarzer Pfeffer

BEILAGE

8 Wachteleier

1. Brennnesseln hacken. Zwiebel schälen, in Würfel schneiden und mit den Brennnesseln in einem großen Kochtopf 4–5 Minuten in Öl anschwitzen.

2. Bouillon und Sahne zugießen und 5 Minuten einkochen lassen.

3. Stärke mit Wasser verrühren und in die Suppe geben. Suppe schnell aufkochen lassen und eindicken. Mit Salz und Pfeffer würzen.

4. Wachteleier 1 Minute kochen. Eier schälen und halbieren. Die Suppe mit den Eierhälften garnieren und auftragen.

MÄDESÜSSSIRUP

Älggrässaft

Die Blütenstände des hübschen Mädesüß enthalten einen delikaten Saft, der an die Aromen von Bittermandeln und Zitronen erinnert.

3 L SIRUP

50 Mädesüßdolden
2 kg Kristallzucker
2 l Wasser
60 g Zitronensäure
2 Bio-Zitronen

1. Dolden in kaltem Wasser spülen und in ein Gefäß mit einem Fassungsvermögen von etwa 5 l geben.

2. Das Wasser mit dem Zucker kochen, bis sich der Zucker aufgelöst hat. Abkühlen lassen und Zitronensäure unterrühren.

3. Zitronen unter heißem Wasser bürsten, in Scheiben schneiden und in das Gefäß mit den Dolden geben. Mit Zuckerwasser auffüllen.

4. Gefäß verschließen/abdecken und 6–7 Tage kalt stellen. Täglich umrühren.

5. Sirup in saubere Flaschen abfüllen. Im Kühlschrank aufbewahrt ist er so mehrere Monate haltbar.

KNUSPRIG GEBRATENER BARSCH AUF KNÄCKEBROT

Knaperstekt abborre på knäckebröd

Ihnen sind ein paar Barsche an die Angel gegangen? Dann brauchen Sie nur noch Butter – und Knäckebrot – „bei die Fische zu tun". Schon haben Sie ein herrliches Knabbergericht.

4 PORTIONEN

4 große Barschfilets
2 Eier
100 g Paniermehl
1 TL Salz und frisch gemahlener weißer Pfeffer
Butter zum Anbraten

BEILAGEN
Knäckebrot und Butter

1. Eier leicht schaumig schlagen. Paniermehl mit Salz und etwas Pfeffer mischen und in einen tiefen Teller geben.

2. Fischfilets zuerst in den geschlagenen Eiern, dann in der Paniermehlmischung wenden.

3. Filets in einer großen Portion Butter von jeder Seite bräunen.

4. Den Fisch auf mit Butter bestrichenem Knäckebrot servieren und sofort genießen.

MITTAGESSEN

Ob wochentags bei der Arbeit beziehungsweise in der Schule oder am Wochenende zu Hause: In Schweden wird über Mittag meist „ordentlich“ – will heißen: warm – gegessen. Aber das geht natürlich nur, wenn man sich genügend Zeit nimmt. Die schwedische Gesetzgebung sieht vor, dass in der Pflichtschule allen Schülern kostenfrei ein ausgewogenes Mittagessen serviert wird. Die meisten Vorschulen und weiterführenden Schulen folgen denselben Richtlinien. In vielen Schulen dürfen sich die Kinder selbst bedienen. Oft werden auch vegetarische Gerichte angeboten. Erwachsene kommen bei der Arbeit selten in den Genuss eines kostenlosen Mittagessens. Sie müssen also entweder am Wochenende auf Vorrat kochen und sich am Arbeitsplatz „Resteessen“ warm machen oder aber die Arbeitsstätte für einen Restaurantbesuch verlassen. In Schweden bieten die meisten Gaststätten einen preisgünstigen Mittagstisch an. Kaffee nach dem Essen wird sowohl am Arbeitsplatz als auch im Restaurant gewöhnlich kostenfrei angeboten. Obwohl immer mehr Schweden am Sonntag auswärts brunchen gehen: Die Ära des selbst zubereiteten sonntäglichen Essens ist noch lange nicht vorbei.

KARTOFFELPUFFER MIT FRÜHSTÜCKSSPECK UND PREISELBEEREN

Rotfruktsraggmunkar med bacon och lingon

***Raggmunkar* (Kartoffelpuffer) – hier eine Variante mit Möhren – stellen im Trio mit salzigem Bacon und säuerlichen Preiselbeeren ein klassisches schwedisches Mittagsgericht dar.**

4 PORTIONEN

120 g Mehl
400 ml Milch
1 TL Salz
1 Ei
400 g Kartoffeln
400 g Möhren
Butter zum Anbraten

BEILAGEN

Gebratener Frühstücksspeck und eingemachte Preiselbeeren

1. Das Mehl und das Salz in die Hälfte der Milch rühren.
2. Restliche Milch zugießen, alles gut durchrühren und mit dem Ei klümpchenfrei verrühren.
3. Kartoffeln und Möhren schälen und grob reiben. Gemüse in einem Sieb durch Ausdrücken entwässern.
4. Kartoffel- und Möhrenraspeln zur Teigmasse geben und alles gut vermengen. Kartoffelpuffer in Butter bei mittlerer Hitze von jeder Seite etwa 2 Minuten goldbraun braten.
5. Mit Frühstücksspeck und Preiselbeeren auftragen.

Tipp!

Sie wollen Preiselbeeren selbst einmachen? Das geht ganz einfach: 1 kg verlesene Beeren 8–10 Minuten in 200 ml Wasser kochen. Abschäumen und 500 g Kristallzucker hinzugeben. Rühren, bis sich der Zucker aufgelöst hat. Preiselbeerzubereitung in saubere, warme Gläser abfüllen. Im Kühlschrank aufbewahrt sind die eingemachten Beeren mehrere Monate haltbar.

ERBSENSUPPE Ärtsoppa

Mit oder ohne Fleischeinlage: Suppe aus gelben Erbsen ist immer ein superleckeres Mittagsgericht. In Schweden wird Erbsensuppe der Tradition gemäß donnerstags mit gepökelter Schweinshaxe oder mit Schweinswürstchen serviert. Anschließend gibt es oft Pfannkuchen – und zuweilen auch einen Schluck Arraklikör. Dieses Rezept ist so großzügig berechnet, dass Sie einen Teil der Suppe für den Lunch zur Arbeit mitnehmen können.

10 PORTIONEN

500 g getrocknete gelbe Erbsen
2 l Wasser
2 Gemüsebrühwürfel
2 Zwiebeln
2 große Möhren
3 EL gehackter Thymian und Thymianzweige zum Dekorieren

1. Erbsen 10–12 Stunden in kaltem Wasser einweichen.

2. Abgießen und in einem Sieb abspülen. In einen großen Kochtopf geben, 2 l Wasser zugießen und aufkochen lassen.

3. Die Gemüsebrühwürfel in das Wasser bröseln. Bei mittlerer Hitze mit Deckel 30 Minuten köcheln lassen.

4. In der Zwischenzeit die Zwiebeln schälen und vierteln und die Möhren schälen und in Scheiben schneiden. Gemüse und gehackten Thymian hinzugeben. Suppe weitere 30 Minuten köcheln lassen. Prüfen, ob die Erbsen gar sind und eventuell nachsalzen.

5. Mit einem hochwertigen Senf und mit Thymianzweigen dekoriert auftragen.

OFENPFANNKUCHEN

Ugnspannkaka

Der auflaufartige Eierkuchen aus dem Ofen ist einfacher zuzubereiten als die in der Pfanne gebackene dünne Variante. Das einzigartig schmeckende Gericht schließt sich perfekt an eine Erbsensuppe an. In Schweden isst man Ofenpfannkuchen auch gern mit Frühstücksspeck und eingemachten Preiselbeeren.

6 PORTIONEN

150 g Mehl
½ TL Salz
600 ml Milch
3 Eier

1. Backofen auf 225 °C vorheizen. Eine circa 30 x 22 cm große ofenfeste Form einfetten.

2. Mehl und Salz in eine Schüssel geben. Unter Rühren die Hälfte der Milch zugießen und klümpchenfrei vermischen. Die restliche Milch unter Rühren zugießen und mit den Eiern zu einem geschmeidigen Teig verarbeiten.

3. Die Mischung in die Form gießen und in der Mitte des Ofens etwa 25 Minuten backen, bis der Ofenpfannkuchen goldbraun ist und hochgeht.

4. In Stücke schneiden, mit Konfitüre oder Apfelsoße servieren und Möhrensalat dazu reichen.

SAFTIGER MÖHRENSALAT

Saftig morotssallad

Zum Ofenpfannkuchen eine Offenbarung. Und gesund obendrein.

6 PORTIONEN

2–3 große Möhren
1 Bio-Orange
25 g Rosinen

1. Möhren schälen und grob reiben.

2. Orange unter heißem Wasser bürsten, halbieren und eine Hälfte auspressen. Die andere Hälfte in 6 Spalten schneiden.

3. Die Möhren raspeln und mit dem Orangensaft und den Rosinen vermischen.

4. Jede Portion mit einer Orangenspalte garniert zum Ofenpfannkuchen servieren.

„FREITAGS-GEMÜTLICHKEIT"

Der Ausdruck *fredagsmys*, wörtlich Freitagsgemütlichkeit, etablierte sich in den 1990er Jahren. Er entspringt der schwedischen Tradition, den Beginn des Wochenendes als etwas Besonderes zu gestalten – und einem Werbefeldzug für Kartoffelchips. Das *fredagsmys* ist ein fast heiliges Ritual, mit dem man sich am letzten Tag der Arbeitswoche mit „kollektivem Abhängen" auf das Wochenende vorbereitet. Das *fredagsmys* pflegen alle – Paare allerdings anders als Familien und Familien anders als Cliquen. Was aber auf jeden Fall und immer zum *fredagsmys* gehört, ist unkompliziertes Essen, bei dem jeder sein eigener Meisterkoch ist. Die Devise lautet: Fingerfood und Snacks statt Kochmarathon und Spülberge. An einem Mittwochabend kann es durchaus vorkommen, dass die Kinder am Computer sitzen, während die Eltern in der Küche hantieren; aber Freitagabend ist gemütliche Familienzeit. Viele assoziieren *fredagsmys* auch mit Fernsehschauen.

QUESADILLAS MIT GERÄUCHERTEM RENTIERFLEISCH

Quesadillas med rökt renstek

Ein perfekter Imbiss und ein köstliches Beispiel dafür, wie lokale Geschmäcker mit neuen Trends verschmolzen werden können. In vielen schwedischen Küchen geht man gern von mexikanischen Rezepten aus – und verringert diese um Chili und erweitert sie um Rentierfleisch. Wenn Sie kein Rentierfleisch bekommen, können Sie auf anderes Wildfleisch zurückgreifen.

16 STÜCKE

4 große Weizentortillas

150 g frisch geriebener Västerbotten-Käse* oder ein anderer würziger gereifter Käse

200 g geräucherter Rentier- oder anderer Wildbraten in dünnen Scheiben

30 g Rucola

Butter zum Anbraten

1. 2 Tortillas mit Käse bestreuen.
2. Rentierfleisch und Rucola daraufgeben. Je eine weitere Tortilla darauflegen und leicht andrücken.
3. Butter in einer großen Pfanne erhitzen und Quesadillas von jeder Seite etwa 1 Minute braten. Gegebenenfalls die aufeinanderliegenden Tortillas mit dem Pfannenwender leicht zusammenpressen, sodass die Füllungszutaten miteinander verschmelzen.
4. Quesadillas auf ein Schneidebrett legen, je in 8 Kuchenstücke schneiden und servieren.

* Västerbotten-Käse ist nach der nordschwedischen historischen Provinz Västerbotten benannt. Dieser Hartkäse wird aus Kuhmilch hergestellt und hat einen hohen Fettgehalt. Die lange Reifezeit auf Gestellen aus Fichtenholz verleiht ihm seinen einzigartigen, kräftigen Geschmack.

Tipp!
Als weiteren Belag können Sie kalt geräucherten Schinken oder Rohschinken auf die frisch gebackene Pizza geben.

PIZZA MIT PILZEN UND SPINAT

Pizza med svamp och spenat

In Schweden gibt es in jedem Ort – ja eigentlich in jedem Viertel – eine Pizzeria. Und dort stehen Pizzen mit so fantasievollen Belägen wie Kebabfleisch mit Pommes Frites oder Filet Mignon mit Sauce Béarnaise auf der Speisekarte. Aber die Schweden backen auch gern selbst Pizza und experimentieren dabei mit allerlei Zutaten, am liebsten auf besonders dünnem Teig. Pizza eignet sich perfekt als „Gemeinschaftsgericht“.

4 PORTIONSPIZZEN

25 g Hefe

250 ml handwarmes Wasser

1 TL Meersalz

1 EL Olivenöl

350 g Weizenmehl, Type 550

500 g gemischte geputzte Pilze

Butter zum Anbraten

375 g frisch geriebener gereifter Halbhartkäse

60 g Babyspinat

Olivenöl

Meersalzflocken und frisch gemahlener schwarzer Pfeffer

1. Die Hefe in das Wasser bröckeln. Öl und Salz hinzugeben und rühren, bis sich die Hefe aufgelöst hat.
2. Nach und nach das ganze Mehl hinzugeben. Den Teig etwa 10 Minuten in der Küchenmaschine kneten, bis er sich vom Schüsselrand löst und glatt und elastisch ist. Ungefähr 30 Minuten mit einem sauberen Küchentuch abgedeckt auf doppelte Größe gehen lassen.
3. Unterdessen die klein geschnittenen Pilze in einer großen Portion Butter bei mittlerer Hitze 7–8 Minuten braten. (Frisch gesammelte Pilze zunächst in eine heiße ungefettete Pfanne geben und ausschwitzen lassen.) Großzügig mit Salz und Pfeffer würzen.
4. Teig kurz leicht durchkneten und vierteln. Jeden Teil so dünn wie möglich ausrollen und auswalken.
5. Backofen auf 250 °C vorheizen.
6. Die Pizzaböden mit den Pilzen belegen und mit Käse bestreuen. Spinat daraufgeben und etwa 10 Minuten backen, bis die Kanten Farbe annehmen.
7. Mit etwas Öl beträufeln und auftragen.

WRAPS MIT *GRAVLAX* UND JOGHURT-DILL-SOSSE

Wraps med gravlax och dillyoghurt

Rund, praktisch, gut: Ein Wrap ist eine vollständige Mahlzeit in einer Brotrolle – und ein weiteres feines Beispiel dafür, dass die Schweden gern Tradition – *gravlax* – und neue Einflüsse – Wraps – mischen. Nehmen Sie kalt geräucherten Lachs, wenn Ihnen gebeizter Lachs nicht schmeckt.

4 WRAPS

4 große, runde frische Fladenbrote
200 g gebeizter Lach (*gravlax*) oder kalt geräucherter Lachs in dünnen Scheiben
70 g gemischte Salatblätter
frisch gemahlener schwarzer Pfeffer

JOGHURT-DILL-SOSSE

1 Apfel
3 EL gehackter Dill
200 ml abgetropfter Joghurt, 10 % Fettgehalt
1 TL klarer Honig

1. Den Apfel fein reiben und mit allen Soßenzutaten vermengen.

2. Die Fladenbrote mit Salat und Lachs belegen, dann mit der Joghurt-Dill-Soße bestreichen und mit etwas Pfeffer bestreuen.

3. Die untere Seite des Fladenbrots über die Füllung legen, rechts und links einschlagen und zusammenrollen.

4. Um die Wraps ohne Kleckern essen zu können, ein Stück Alufolie um den unteren Teil jeder Fladenbrotrolle wickeln.

Tipp!

Mit dem richtigen Timing können Sie ganz leicht selbst gebeizten Lachs (*gravlax*) zubereiten: 4 EL Salz mit 4 EL Kristallzucker und 2 TL frisch gemahlenem weißem Pfeffer vermischen. 1 kg frischen entgräteten Lachs mit Haut mit der Mischung einreiben. Fleischseite mit 3 EL fein gehacktem frischem oder tiefgefrorenem Dill bestreuen. Fisch in zwei Lagen Frischhaltefolie wickeln und in eine Schale legen. Kalt stellen und 48 Stunden marinieren; gelegentlich wenden. Überschüssige Marinade abstreifen und den Lachs leicht schräg zur Faser in dünne Scheiben schneiden.

RHABARBER-ERDBEER-STREUSELAUFLAUF

Rabarberpaj med jordgubbar

Erdbeeren und Rhabarber ergeben eine herrlich mundende Mischung: Die Süße der Beeren, die mit Zucker noch betont werden kann, balanciert die Herbheit des Rhabarbers auf das Köstliche aus.

1 GROSSER AUFLAUF ODER 6 PORTIONSAUFLÄUFE

STREUSEL

40 g Haferflocken
60 g Weizenmehl
100 g kalte ungesalzene Butter in Würfeln
1,5 g Salz

AUFLAUF

200 g Rhabarber
200 g Erdbeeren
85 g Kristallzucker
1 TL Bourbon-Vanillepulver
1 TL Zimtpulver
3 EL Kartoffelstärke

ZUM ANRICHTEN

Hochwertiges Vanilleeis oder Schlagsahne

1. Backofen auf 225 °C vorheizen. Die Streuselzutaten zu Bröckchen verkneten.

2. Die Rhabarberstängel in ungefähr 1 cm lange Stücke schneiden und in eine Schüssel geben. Erdbeeren halbieren und ebenfalls in die Schüssel geben. Zucker hinzugeben und Vanille, Zimt und Stärke unterrühren.

3. Eine große Auflaufform oder 6 Portionsformen einfetten. Rhabarbermischung in die Form(en) geben, mit den Streuseln bestreuen und 15–20 Minuten backen, bis die Streusel Farbe annehmen.

4. Auflauf mit Vanilleeis oder Schlagsahne servieren.

FESTESSEN

Schwedische Essenseinladungen sind oft zwanglos und entspannt. Aber auch wenn das fröhliche Beisammensein mit Freunden im Mittelpunkt steht, können Sie sicher sein: Die Gastgeber werden sich alle Mühe geben, etwas Besonderes auf den Tisch zu bringen und ihre Gäste mit einem Menü zu verwöhnen, das Gaumenfreude und Augenweide gleichermaßen bietet. Schließlich haben sich nach der durchstrukturierten und hektischen Arbeitswoche alle eine genussvolle Auszeit verdient. Gute Beobachter werden feststellen, dass bei schwedischen Einladungen ein paar Förmlichkeiten zu beachten sind. Beispielsweise zieht man gleich an der Eingangstür die Straßenschuhe aus beziehungsweise tauscht diese gegen mitgebrachte Hausschuhe. Das Anstoßen folgt einem besonderen und mehrmalig durchgeführten Ritual, bei dem vor dem Trinken jeder mit jedem Blickkontakt aufnimmt. In Sachen Kleidung folgen alle Gäste ihrem persönlichen Geschmack; die einen kommen leger gekleidet, die anderen erscheinen in feierlicher Robe. Dass die Schweden etwas Zeit zum „Auftauen“ brauchen, zeigen die Umarmungen. Diese fallen bei der Verabschiedung nämlich entschieden großzügiger aus als bei der Begrüßung. Mit den folgenden Rezepten können Sie ein vorzügliches schwedisches Festessen zusammenstellen.

Hors-d'oeuvre

KAVRING-CROSTINI MIT ZIEGENKÄSE UND MOLTEBEEREN

Kavring crostini med getost och hjortron

Kavring ist ein dunkles, mit Invertzuckersirup gesüßtes Roggenbrot aus Südschweden. Seine knusprig angebratenen Schnittflächen und der salzige Käse sind eine perfekte Kombination. Mit ihrem herben Geschmack kontrastieren die Moltebeeren angenehm.

12 CROSTINI

12 Scheiben dunkles Roggenbrot (*kavring*)
1 EL Butter
200 g Weichkäse aus Ziegenmilch
100 ml Moltebeerenkonfitüre oder roh gerührte Moltebeeren
12 kleine Zweige Blattpetersilie

1. Aus den Brotscheiben mit einem kleinen Glas oder einem anderen Hilfsmittel runde Stücke ausstechen.

2. Butter in einer Pfanne erhitzen und Brottaler von jeder Seite kurz knusprig anbraten.

3. Den Käse in 12 Scheiben schneiden und auf die Taler legen.

4. Auf jeden Brottaler einen Klecks Moltebeerzubereitung geben. Crostini mit Petersilie dekorieren und auftragen.

Tipp!

Um selbst roh gerührte Moltebeeren zuzubereiten, einfach 100 g frische oder tiefgefrorene Beeren mit 70 g Kristallzucker vermengen. Einige Stunden kalt stellen und gelegentlich umrühren.

Vorspeise

AVOCADO-RUCOLA-SALAT MIT MARÄNENROGEN

Avokado- och ruccolasallad med löjrom

Dieser Salat, zu dem Sie am besten geröstetes Weißbrot reichen, kombiniert mildes Avocadofleisch und salzigen Maränenrogen zu einer deliziösen Vorspeise. Der in den Schären im nördlichen Teil des Bottnischen Meerbusens gewonnene Maränenrogen *Kalix Löjrom* ist eines von zwei schwedischen Erzeugnissen, die das EU-Gemeinschaftszeichen für Produkte mit geschützter Ursprungsbezeichnung tragen dürfen. Maränenrogen wird auch von Fischen aus vielen schwedischen Seen und einigen anderen europäischen Gewässern gewonnen.

4 PORTIONEN

80 g Maränenrogen
1 große reife Avocado
1 kleine rote Zwiebel
50 g Rucola
1 EL Olivenöl
4 EL saure Sahne (*gräddfil*) oder Crème fraîche
Meersalzflocken und frisch gemahlener schwarzer Pfeffer

DEKORATION

4 Dillzweige
4 Spalten einer Bio-Zitrone

1. Avocado halbieren, vom Kern befreien und schälen.
2. In Scheiben schneiden.
3. Zwiebel schälen und in kleine Würfel schneiden.
4. Den Rucola mit dem Öl vermischen.
5. Rucola und Avocado mittig auf vier Teller schichten. Je einen Klecks Maränenrogen und saure Sahne auf den Salat geben und mit den Zwiebelwürfelchen bestreuen.
6. Jede Portion mit einem Dillzweig und einer Zitronenspalte dekorieren. Leicht mit Salz und Pfeffer würzen.
7. Gegebenenfalls mit einer dünnen gerösteten Weißbrotscheibe servieren.

Hauptgang

KABELJAU MIT GEBRÄUNTER BUTTER, GARNELEN UND GERIEBENEM MEERRETTICH

Rimmad ugnsbakad torsk med brynt smör, räkor och riven pepparrot

Frischer Kabeljau, Garnelen und Meerrettich. Schwedischer Luxus pur!

4 PORTIONEN

800 g Kabeljaurücken, in Portionsstücken mit Haut

600 g ungeschälte Garnelen

PÖKELLAKE

5 EL Salz

1 l Wasser

GEBRÄUNTE BUTTER

200 g Butter

BEILAGEN

Gekochte Frühkartoffeln, geriebener Meerrettich und bissfest gegarte Zuckerschoten

DEKORATION

4 Dillzweige

4 Spalten einer Bio-Zitrone

4 ungeschälte Garnelen

1. Das Salz in das Wasser geben und rühren, bis sich das Salz aufgelöst hat.
2. Fischstücke hinzugeben und 1 Stunde kalt stellen.
3. Garnelen schälen.
4. Backofen auf 125 °C vorheizen.
5. Fisch aus der Lake nehmen und mit der Hautseite nach unten in eine gefettete ofenfeste Form legen. Fisch etwa 15 Minuten im Ofen garen, bis er eine Kerntemperatur von 56 °C hat.
6. Butter bräunen, bis sie eine dunkelgoldene Farbe angenommen hat und nussig riecht. Mit einem Löffel abschäumen.
7. Den Fisch mit den Garnelen anrichten. Jede Portion mit einem Dillzweig, einer Zitronenspalte und einer ungeschälten Garnele dekorieren. Mit Kartoffeln und bissfest gegarten Zuckerschoten servieren und sofort genießen.

Nachspeise

SALZKARAMELLPIE MIT GEFRORENEN BROMBEEREN

Saltad kolapaj med frysta björnbär

Die Schweden lieben die Mischung aus süß und salzig. Deshalb folgt hier ein Rezept für ein süßes Finale mit salzigem Twist. Mit einem Klecks Crème fraîche gekrönt ist die sündhaft gute Pie noch besser. Denken Sie daran, die Nachspeise frühzeitig zuzubereiten. Das Warten lohnt sich garantiert.

8–10 STÜCKE

125 g Butter

2 EL Puderzucker

180 g Mehl

1 Eigelb

1 EL kaltes Wasser

FÜLLUNG

300 ml Sahne

135 g Rohrzucker

210 g Invertzuckersirup

75 g Butter in Würfeln

DEKORATION

1 TL Meersalzflocken

70 g Brombeeren, tiefgefroren

1. Butter, Puderzucker und Mehl von Hand oder in der Küchenmaschine verkneten.
2. Eigelb und Wasser hinzugeben. Möglichst schnell zu einem Teig verarbeiten. In eine Kuchenform – idealerweise eine Springform – drücken.
3. Backofen auf 225 °C vorheizen. Kuchenboden etwa 12 Minuten backen, bis er etwas Farbe angenommen hat.
4. Sahne, Zucker und Invertzuckersirup in einen Kochtopf mit dickem Boden geben und bei mittlerer Hitze 30–40 Minuten köcheln lassen, bis die Mischung etwas eindickt.
5. Prüfen, ob das Karamell fertig ist. Dazu ein, zwei Tropfen der Mischung in ein Glas Wasser träufeln. Wenn das Karamell erstarrt und sich ein Kügelchen daraus formen lässt, braucht es nicht länger zu köcheln. Butter unterrühren und schmelzen. Karamellsoße bei Zimmertemperatur 30 Minuten abkühlen lassen.
6. Die Karamellmischung auf den Kuchenboden gießen und mit dem Salz bestreuen. Kuchen 1 Stunde kalt stellen. Die Füllung soll fest, aber nicht hart sein.
7. Pie einige Zeit vor dem Servieren aus dem Kühlschrank nehmen und mit tiefgefrorenen Brombeeren dekorieren.

LISELOTTE FORSLIN ist freiberufliche Foodautorin und -stylistin sowie Verfasserin mehrerer Kochbücher. Die Schwedin hat eine Leidenschaft für die Themen Lebensmittel und Kommunikation und kreiert leicht umsetzbare Rezepte. Forslins Gerichte sind gesund und trotzdem lecker.

RIKARD LAGERBERG ist ein schwedischer Autor mit Wurzeln in San Francisco, Stockholm und Sligo. Nach vielen Jahren typisch schwedischer Ernährung hat er in den 1990ern den vegetarischen Weg eingeschlagen. Gegenwärtig macht Lagerberg den Jagdschein – und er schließt nicht aus, dass dies Konsequenzen für seinen Speiseplan hat. Ob er wohl abdrücken wird, wenn er demnächst dem König des Waldes gegenübersteht?

SUSANNE WALSTRÖM ist zwar in Schweden ansässig, aber wegen ihrer Tätigkeit für Agenturen in Stockholm und New York ständig auf dem Sprung zu neuen Fototerminen und -schauplätzen. Walströms persönliche, lebendige und leicht zugängliche Darstellungsweise gründet sich auf Erfahrungen mit dem dokumentarischen und journalistischen Arbeiten. Die Fotografin bereicherte schon viele Projekte mit ihrem besonderen Stil, so auch mehrere Bücher zum Thema Essen.

DAS SCHWEDISCHE INSTITUT (SI) ist eine staatliche Behörde, die damit betraut ist, im Ausland das Interesse an und das Vertrauen zu Schweden zu erhöhen. Durch strategische Kommunikation und Austausch in den Bereichen Kultur, Ausbildung, Wissenschaft und Wirtschaft fördert das SI internationale Kooperationen und dauerhafte Beziehungen zu anderen Ländern. Das SI arbeitet eng mit schwedischen Botschaften und Konsulaten auf der ganzen Welt zusammen. Für weitere Informationen über das SI und Schweden besuchen Sie bitte Si.se und Sweden.se.

Bestellen Sie weitere Exemplare dieser Publikation auf Swedenbookshop.com; dort finden Sie auch vielfältiges anderes schwedenbezogenes Material, das vom Schwedischen Institut produziert wird.

Was meinen Sie zu dieser SI-Veröffentlichung? Kontaktieren Sie uns gern unter order@si.se.